BEI GRIN MACHT SICH IHR WISSEN BEZAHLT

AF153758

- Wir veröffentlichen Ihre Hausarbeit,
  Bachelor- und Masterarbeit

- Ihr eigenes eBook und Buch -
  weltweit in allen wichtigen Shops

- Verdienen Sie an jedem Verkauf

Jetzt bei www.GRIN.com hochladen und kostenlos publizieren

Sexueller Missbrauch gegenüber Kindern und Jugendlichen. Ein Überblick

GRIN

Bibliografische Information der Deutschen Nationalbibliothek:

Die Deutsche Nationalbibliothek verzeichnet diese Publikation in der Deutschen Nationalbibliografie; detaillierte bibliografische Daten sind im Internet über http://dnb.d-nb.de abrufbar.

ISBN: 9783346345714
Dieses Buch ist auch als E-Book erhältlich.

© GRIN Publishing GmbH
Nymphenburger Straße 86
80636 München

Druck und Bindung: Books on Demand GmbH, Norderstedt Germany
Gedruckt auf säurefreiem Papier aus verantwortungsvollen Quellen

Das vorliegende Werk wurde sorgfältig erarbeitet. Dennoch übernehmen Autoren und Verlag für die Richtigkeit von Angaben, Hinweisen, Links und Ratschlägen sowie eventuelle Druckfehler keine Haftung.

Das Buch bei GRIN: https://www.grin.com/document/987173

Entwicklungspsychologie

Fallstudie

Alternative A

SRH Fernhochschule- The Mobile University

Modul: Entwicklungspsychologie
Studiengang: B. Sc. Psychologie

Inhaltsverzeichnis

Abkürzungsverzeichnis

Abkürzung	*Bedeutung*
akt.	aktualisiert(e)
Aufl.	Auflage
bspw.	beispielsweise
bzw.	beziehungsweise
o.D.	ohne Datum
sog.	sogenannte
usw.	und so weiter
u.a.	unter anderem
z.B.	zum Beispiel
Vgl.	vergleiche

1. Einleitung

Im Rahmen der „Speziellen Sozialpolitik für Kinder" und in Zusammenarbeit mit dem Bundesministerium für Familien, Senioren, Frauen und Jugend, beschäftigt sich diese Arbeit mit dem Thema des sexuellen Missbrauchs von Kindern und Jugendlichen und dessen Auswirkungen auf die Entwicklung. Dazu wird ein fundiertes Konzept vorgestellt, das wissenschaftliche Ratschläge zur Prävention von sexuellem Kindesmissbrauch aufzeigt.

In den ersten Kapiteln der Arbeit werden unterschiedliche Entwicklungsphasen von Kindern und Jugendlichen aufgeführt. Diese Phasen werden in Altersabschnitten sortiert, wobei speziell auf die Teilbereiche „Bildung",„Soziales" und „Selbst" eingegangen wird. In den nachfolgenden Kapiteln wird das sozialpolitische Thema des Kindesmissbrauchs thematisiert, dazu wird eine kurze Einleitung und Begriffsbestimmung zum Thema hergestellt. Im Anschluss daran folgen Präventionsmaßnahmen zum Schutz von Kindern und Jugendlichen. Abschluss der Arbeit bildet das Fazit zum Thema des sexuellen Missbrauchs von Kindern und Jugendlichen, die aus den Erkenntnissen der Arbeit gezogen werden.

2. Entwicklungsphasen

Unter dem Begriff der Entwicklung versteht man eine Veränderung des Organismus, bei der etwas Neues entsteht, um eine andere Qualität des Verhaltens zu erreichen. Von Beginn des Embryos an bis zum Erwachsenenalter entwickelt sich der Organismus mit Fähigkeiten, Verhaltensweisen und Funktionen hin zu einem Individuum. Diese Entwicklung muss nicht nur quantitative sondern auch qualitative Veränderungen mit sich bringen.[1]

Von der frühen Kindheit bis ins Erwachsenenalter ist das Leben eines Menschen durch unterschiedliche soziale, emotionale, kognitive und selbstbezogene Entwicklungsphasen geprägt. In den Altersabschnitten, die jedes Kind durchläuft, kann der Entwicklungsprozess unterschiedlich schnell ablaufen.[2]

---

[1] Vgl. Metzinger, A. (2014), S. 10

[2] Vgl. Borke, J. et al (2013), S. 4

In dieser Zeit entwickeln Kinder eigene und individuelle Fähigkeiten und Fertigkeiten. Einige davon sind ausschließlich in bestimmten Zeitfenstern möglich.[3] Wird dieser Entwicklungsprozess jedoch gestört, können sich entsprechende Defizite entwickeln, die weitgehende Folgen auf das Jugend- und Erwachsenenalter haben können.

Säuglingsalter

Besonders die ersten Jahre eines Kindes können sehr prägend sein, denn diese Jahre entscheiden über die Einstellungen und das Verhalten gegenüber anderen Menschen.[4]

Dieser Lebensabschnitt gehört zum entwicklungsdynamischsten Zeitraum eines Menschen.[5] Bereits unmittelbar nach der Geburt zeigen Babys erste Vertrautheits- und Wiedererkennungsreaktionen. Sie sind in der Lage, Erfahrungen zu speichern und diese im Verhalten zu nutzen.[6] Bereits wenige Stunden nach der Geburt können sie das Gesicht der Mutter wiedererkennen und verschiedene Gesichtsgesten imitieren.[7] Bereits das erste Lächeln des Kindes wird als soziale Handlung verstanden, dieses tritt meist zwischen dem zweiten und vierten Lebensmonat auf. Es wird durch die Bezugsperson beeinflusst, was bedeutet, dass sich das Kind zunehmend auf sie fokussiert. Ab dem achten Lebensmonat zeigen sich erste Anzeichen einer Bindung zu den Eltern oder der Bezugsperson. In diesem Alter können Kinder fremde Personen von ihrer Vertrauensperson unterscheiden. Das zeigen Kinder durch deutlich abwehrendes Verhalten gegenüber fremden Personen, wenn die Bezugsperson bspw. den Raum verlässt. Je stärker die Verbindung, desto ausgeprägter die Reaktion des Kindes. Aus diesen Gründen wird diese Phase auch als „Zuwendungsphase" bezeichnet.[8]

---

[3] Vgl. Braun, A. K. (2012), S. 17

[4] Vgl. Berk, L. E. (2005), S. 135ff.

[5] Vgl. Hasselhorn, M. & Schneider, W. (Hrsg.) (2007), S. 143

[6] Vgl. Hasselhorn, M. & Schneider, W. (Hrsg.) (2007), S. 148

[7] Vgl. Hasselhorn, M. & Schneider, W. (Hrsg.) (2007), S. 150

[8] Vgl. Metzinger, A. (2014), S. 63ff.

Die körperliche Entwicklung eines Babys ist ebenfalls eine sehr dynamische Phase, denn bereits kurz nach der Geburt zeigen sich die ersten Reflexe des Säuglings. Dazu gehören das Saugen, das Greifen, das Schlucken usw.

Die Entwicklung der Motorik verläuft vom Kopf beginnend über den Oberkörper zu den Füßen. Diese Bewegungen sind hauptsächlich durch die Reflexe bestimmt. Es entwickeln sich die Wahrnehmung und die Sinne in Form des Tastsinns, des Geruchs- und Geschmackssinns, des Sehens, Hörens, des Gleichgewichts und der Gestaltwahrnehmung.[9] Säuglinge sind in der Lage, Objekte, die sich im Gesichtsfeld befinden, mit den Augen zu verfolgen.[10]

Ab dem ersten Lebensjahr zeigen sich erste Rangordnungsmomente, wie die der Dominanz, der Unterwerfung und der Rivalität. Gegen Ende des ersten Lebensjahres interagiert das Kind bereits mit anderen Kindern. [11]

Zu den kognitiven Fähigkeiten stellte Jean Piaget, ein berühmter Entwicklungspsychologe, unterschiedliche Phasen der Denkentwicklung des Säuglings vor:

Die erste Phase ist die bereits erwähnte Reflexhandlung, also das Saugen, Greifen, Blinzeln, Schreien usw.

Phase zwei ist die primäre Kreisreaktion, das bedeutet durch wiederholte Verhaltensmuster entwickelt sich eine Stabilität. Dadurch werden Assimilationsschemata miteinander verbunden.

Phase drei ist die sekundäre Kreisreaktion, das heißt eigene Aktivitäten und dessen Effekte werden mit der Umwelt entdeckt. Das Mittel- Zweck- Schema wird erworben.

Die vierte Phase ist die Koordinierung und Anwendung der sekundären Kreisreaktion, in der nun eine Zielhandlung erfolgt, bevor eine Mittelhandlung realisiert werden kann.

Phase fünf ist die tertiäre Kreisreaktion, die das Verhalten zwischen verschiedenen Schemata variieren lässt.

---

[9] Vgl. Berk, L. E. (2005), S. 135ff.

[10] Vgl. Rossmann, P. (2012), S. 66

[11] Vgl. Metzinger, A. (2014), S. 63ff.

Die letzte Stufe ist die Erfindung neuer Handlungsmuster durch verinnerlichtes Handeln, in der bestimmte Handlungen auch im Kopf ausgeführt werden können.[12]

Kleinkindalter

Im Kleinkindalter verfügen Kinder über grundlegende kognitive und sozial- emotionale Kompetenzen. Die Motorik und die Wahrnehmung können aufeinander abgestimmt werden. Sie lernen mit symbolischen Repräsentationen umzugehen, Sätze können gesprochen werden und sie verfügen über die Fähigkeit eigene Emotionen zu kontrollieren und Beziehungen zu anderen Kindern aufzunehmen.[13] Dabei steht das Alleine spielen und das Parallelspiel im Vordergrund, denn ab dem Kleinkindalter entstehen durch zufällige Treffen und gemeinsame Interessen an Gegenständen oder Tätigkeiten die ersten gemeinsamen Spiele. Diese laufen aber häufig parallel nebeneinander ab, ohne Kontakt zum Gegenüber aufzunehmen. Zwischenzeitlich kann man aber auch das Zuschauen der Kinder bei anderen Kindern beobachten, ohne dass sie jedoch Kontakt zueinander aufnehmen. Diese Phase der Beobachtung ist besonders wichtig für das Kind, um sich Kenntnisse und Handlungsverfahren der Spielgegenständen anzueignen.[14]

Ab dem vierten Lebensjahr ist es in der Lage aktiv mit anderen zu spielen, dabei lernt es das Geben und das Nehmen, aber auch das Nachahmen und Nachverfolgen.

Ab dem fünften Lebensjahr kann es bereits mit mehreren Kindern zusammen spielen. Dabei entwickelt sich zielgerichtetes und organisiertes Spielen mit Regeln.[15]

Die Selbständigkeit des Kindes entwickelt sich immer mehr und die Beziehung zur Umwelt wird immer stärker durch Gebote der Erwachsenen geleitet. Dadurch steht das Kind häufiger zwischen Wahl- oder Entscheidungssituatio-

---

[12] Vgl. Steinebach, C. (2000), S. 102

[13] Vgl. Hasselhorn, M. & Schneider, W. (Hrsg.) (2007), S. 153ff.

[14] Vgl. Metzinger, A. (2014), S. 55

[15] Vgl. Hasselhorn, M. & Schneider, W. (Hrsg.) (2007), S. 153ff.

nen. Besonders das Spielen mit anderen erfordert entweder das Einordnen oder das Durchsetzen um sich individuell von der Gruppe abzuheben. Ab Mitte des zweiten Lebensjahres reagiert das Kind häufiger mit Trotzreaktionen. In dieser Zeit ist es oft unausgeglichen, was sich durch Wutausbrüche, Schreien, Treten, Schlagen usw. bemerkbar machen kann. Diese Phase nennt man auch „Erregungsphase", in der ein Spannungsfeld zwischen der Autonomie und der Trotzphase entsteht. Gekennzeichnet ist sie durch starke Ambivalenz der Gefühle. Diese Verhaltensweisen sind häufig Ausdruck von Widerstand gegenüber den Eingriffen und Forderungen der Erwachsenen. Ab dem dritten Lebensjahr lässt sich das Sozialverhalten wie das Streicheln, Helfen, Küssen, Trösten, Verteidigen, Bemuttern, Teilen, Schimpfen oder Stoßen erkennen. Bei den prosozialen Aktivitäten lassen sich allerdings Unterschiede zwischen Jungen und Mädchen erkennen. Auffallend ist dabei, dass 40% der Jungen und 60% der Mädchen prosoziale Aktivitäten aufzeigten. Die Bindung zu Gleichaltrigen nimmt ab diesem Alter zu, erste Freundschaften werden geschlossen. Dabei wechseln die Freunde in diesem Alter besonders schnell, denn Freundschaften werden häufig innerhalb kürzester Zeit wieder aufgelöst.

In dieser Lebensphase ist die eigene Persönlichkeitserkennung durch die Verwendung des eigenen Namens oder der „ich"- Bezeichnung zu erkennen. Das Kind ist in der Lage sich bewusst auf sich zu beziehen. Das Wollen wird ausprobiert.[16]

Ab dem zweiten Lebensjahr entwickelt das Kind ein Selbstbewusstsein. Es erkennt sich selbst als handelndes Subjekt in der Gesellschaft. Es erkennt, dass eigenes Handeln Auswirkungen auf Menschen und Objekte haben können.[17]

In diesem Alter sind sie in der Lage ihr eigenes Geschlecht zu bestimmen.[18]

Die Gedächtnisleistung nimmt mit zunehmendem Alter rapide zu[19]und das symbolische Denken entwickelt sich.

---

[16] Vgl. Metzinger, A. (2014), S. 55

[17] Vgl. Berk, L. E. (2005), S. 272

[18] Vgl. Rossmann, P. (2012), S. 109

[19] Vgl. Hasselhorn, M. & Schneider, W. (Hrsg.) (2007), S. 153ff.

Kleinkinder sind in der Lage Gegenstände zwischen Symbolen und Objekten zu unterscheiden, so dass ein Bauklotz zu einem Auto und ein Stück Papier zu einem Flugzeug werden kann.[20]

Mit zwei Jahren sind sie in der sogenannten Benennungsexplosion. Ihr Wortschatz umfasst ca. 200 Wörter und sie lernen ungefähr fünf neue Wörter pro Tag dazu. Ab diesem Alter kommt erstmals die aktive Grammatik beim Sprechen zum Einsatz.[21]

Die Gedächtnisleistung und die Leistungsfähigkeit sind bereits ab dem zweiten Lebensjahr in vollem Umfang gegeben.[22]

Kindergartenalter /Vorschulalter

Mit der Erreichung des Vorschulalters begreifen Kinder den Unterschied zwischen dem Geist und der Welt. Sie können zwischen mentalen Phänomenen wie den Gedanken, Träumen und den physikalischen Phänomenen unterscheiden.

In diesem Alter tauchen Kinder zunehmend in die Fantasiewelt ein, erzählen und erfinden Geschichten und Märchen.[23] Dabei fällt auf, dass sich drei bis vierjährige Kinder meistens Eigenschaften zuschreiben, die eher Wunschvorstellungen sind und nicht immer der Wahrheit entsprechen.[24]

Die Ablösung der Eltern ist im Kindergartenalter ein wichtiger Bestandteil der Entwicklung. Neue Beziehungserfahrungen mit Gleichaltrigen werden gesammelt und das Aushalten von Trennungen von den Eltern wird entwickelt.[25]

Ab dem Vorschulalter gewinnen motorische Leistungen zunehmend an Sicherheit. In dieser Phase besteht ein großes Bewegungsbedürfnis. Eng mit der Entwicklung der motorischen Fähigkeiten ist das Erlernen des Schreibens verbun-

---

[20] Vgl. Metzinger, A. (2014), S. 55

[21] Vgl. Hasselhorn, M. & Schneider, W. (Hrsg.) (2007), S. 153ff.

[22] Vgl. Rieder, K. (2002), S. 225f

[23] Vgl. Hasselhorn, M. & Schneider, W. (Hrsg.) (2007), S. 168ff.

[24] Vgl. Rossi, G. & Hauser, D. (2015)

[25] Vgl. Hasselhorn, M. & Schneider, W. (Hrsg.) (2007), S. 168ff.

den. Durch das Schreiben müssen visuelle Wahrnehmungen mit motorischen Abläufen koordiniert werden.[26]

In der Zeit der frühen Kindheit, also mit ca. drei bis sechs Jahren, weist das Gehirn bereits 90% des Gewichts eines Erwachsenen auf. In dieser Phase werden Impulse schneller im Gehirn weitergeleitet. Die Koordination der Finger und Hände nimmt zu und der Gleichgewichtssinn entwickelt sich.[27]

Ab dem vierten Lebensjahr sind Kinder in der Lage eigene und auch andere mentale Zustände zu erkennen und zu verstehen. Sie begreifen, dass es unterschiedliche Weltanschauungen geben kann. Das Kind lernt eine exekutive Kontrolle über sich, also eigene Handlungen zu planen und auf Regelwechsel zu reagieren. Sie sind in der Lage Arbeitsgedächtnisprozesse zu überwachen und bestimmtes Verhalten zu unterdrücken. Besonders im Bereich des Lernens werden Basisemotionen deutlich, denn vor allem Ärger, Stolz, Furcht, Scham und Verachtung zeigen sich in dieser Phase besonders stark. Dabei entwickelt das Kind Strategien zur Emotionsregulation. Hier hängt das Ausmaß der erlebten eigenen Tüchtigkeit vom Schweregrad der Aufgabe ab.[28]

Im Vorschulalter misst das Kind seine Selbstbeurteilung an den Rückmeldungen der Umgebung und passt sich dieser an.[29]

Es entwickelt syntaktische und morphologische Grundstrukturen seiner Muttersprache. Diese Grundstrukturen werden in der Schule verfeinert. Es lernt Buchstaben und Laute zu verstehen und sie in Wörtern und Sätzen aneinander zu reihen.[30]

Im Vorschulalter ist die Geschlechtstypisierung relativ gut entwickelt. Kinder suchen sich zunehmend gleichgeschlechtliche Freunde und entwickeln geschlechtstypische Verhaltensweisen.[31]

---

[26] Vgl. Rieder, K. (2002), S. 218

[27] Vgl. Rossi, G. & Hauser, D. (2015)

[28] Vgl. Rossi, G. & Hauser, D. (2015)

[29] Vgl. Berk, L. E. (2005), S. 467

[30] Vgl. Rossi, G. & Hauser, D. (2015)

[31] Vgl. Berk, L. E. (2005), S. 371

Schulalter

Mit dem Eintritt in die Schule stellen sich ganz neue Anforderungen an das Kind.[32]

Die kognitiven Fähigkeiten bauen hauptsächlich auf Entwicklungsschritte im Vorschulalters auf, sie stellen eine Erweiterung und Verfeinerung der bereits bestehenden Fähigkeiten dar.[33]

Das Denken wird organisierter und flexibler. In diesem Alter sind Kinder in der Lage Aspekte einer Situation zu betrachten und konkrete Probleme zu lösen.[34]

Die Kinder entwickeln weitere Kompetenzen um mit Lehrern, Mitschülern und Leistungsbeurteilungen umgehen zu können. Der Erwerb des Lesens, Schreibens und Rechnens nimmt zu.[35]Der Wortschatz wird größer und die Sätze werden länger. Dabei hängt die Sprachentwicklung von schulischer Förderung, sprachlichen Vorbildern und der individuellen Sprachbegabung ab. Es bilden sich die Grundlagen der Sprache.[36] Das Kind entwickelt ein Verständnis für Metaphern, Sprachwitzen und Doppeldeutigkeiten.[37] Ab dem elften Lebensjahr kann ein Kind Geschichten bis hin zu einem Höhepunkt erzählen.

Die Leistungsmotivation hängt davon ab, welchen Ursachen, Misserfolge und Leistungssituationen zugeschrieben werden. Diese Motivation kann abnehmen, wenn Leistungen verglichen werden und Misserfolge mit Frustration und Angst verbunden werden. Schulleistungen beeinflussen das Selbstwortgefühl des Kindes enorm.[38]

Dabei ist es wichtig eine positive Selbstentwicklung zu erreichen. Häufig sind eigene Selbstüberschätzungen der Kompetenzen in diesem Entwicklungsabschnitt zu beobachten. Mit zunehmendem Alter passt sich die Einschätzung an die der Lehrer an. Temperamentsbezogene Selbstkontrolle ist unabdingbar, da

---

[32] Vgl. Hasselhorn, M. & Schneider, W. (Hrsg.) (2007), S. 174ff.

[33] Vgl. Rossmann, P. (2012), S. 120

[34] Vgl. Rossi, G. & Hauser, D. (2015)

[35] Vgl. Hasselhorn, M. & Schneider, W. (Hrsg.) (2007), S. 174ff.

[36] Vgl. Rieder, K. (2002), S. 223

[37] Vgl. Rossi, G. & Hauser, D. (2015)

[38] Vgl. Rossi, G. & Hauser, D. (2015)

damit die Aufmerksamkeit und die Konzentration einhergeht. Piaget zufolge entwickeln Kinder des öfteren die Fähigkeit logisch über anschauliche Informationen nachzudenken. Die Aufmerksamkeit wird planvoller und angepasster, was bedeutet, dass sich Kinder häufiger auf wesentliches konzentrieren können. Weiterhin lernen sie kognitive und metakognitive Lernstrategien anzuwenden, sie zu organisieren, zu planen und zu kontrollieren. Piaget zufolge können sie in Schritten denken und anschließend geistig die Richtung wechseln. Ebenso ist die Fähigkeit entwickelt innere und äußere ablenkbare Reize abzuwehren. Diese Fähigkeit ist wesentliche Voraussetzung der Selbstregulation. Unterschiedlich kognitive Fähigkeiten manifestieren sich in der Intelligenz. Die Ergebnisse dieser Tests korrelieren mit schulischen Leistungen.

Ab Mitte der Kindheit bis ins frühe Erwachsenenalter nimmt die Informationsverarbeitung rasant zu. Die Kapazität zur Verarbeitung weiterer Informationen steigt an, dadurch zeigt sich eine Verbesserung der Gedächtnisleitung. In der Schule ist es besonders wichtig viele verschiedene Gedächtnisarten und Strategien anzuwenden. Eine Verbesserung der kognitiven Kontrollleistung ist besonders bei Kindern in diesem Alter zu beobachten, dadurch wird das selbstständige Arbeiten zunehmend besser. Nun ist eine Konzentrationsspanne von 20 Minuten erreicht.[39]

Doch nicht nur die klassische Intelligenz in Form von logischem Denken entwickelt sich, auch die emotionale Intelligenz nimmt im Alter zu. Kinder lernen eigene und fremde Gefühle zu erkennen und zu verstehen. Die emotionale und soziale Kompetenz ist von Eltern und Lehrern abhängig. Positive Emotionen in der Familie bspw. gehen mit positiver sozialer und emotionaler Entwicklung der Kinder einher.[40]

Doch nicht nur im schulischen Bereich zeigen sich altersbedingte Veränderungen, auch im sozialen Umgang mit anderen macht sich ein Umbruch bemerkbar. Ab dem Schulalter ist es Kindern besonders wichtig Anerkennung und Achtung seitens der Klassenkameraden zu erhalten. Es entsteht eine Rangord-

---

[39] Vgl. Rossi, G. & Hauser, D. (2015)

[40] Vgl. Hasselhorn, M. & Schneider, W. (Hrsg.) (2007), S. 174ff.

nung des sozialen Ansehens innerhalb der Klasse. Freundschaften, Untergruppen und Rollenverteilungen werden unter den Kindern gebildet.[41]

Jugendalter

Das Jugendalter steht zwischen der Kindheit und dem Erwachsen werden. Der Beginn des Jugendalters wird durch das Einsetzen der Pubertät bestimmt.[42] Die größte Veränderung bildet hier die körperliche. Mit Beginn der Pubertät treten ein Wachstumsschub und andere hormonelle Veränderungen im Körper ein. Dabei ist dies bei Mädchen häufig etwas früher zu beobachten.[43] In dieser Phase wird eine Ablösung der Familie deutlich, Normen und Werte der Eltern werden häufig zurückgewiesen und die Rebellion gegenüber den Erziehungsberechtigten nimmt zu. Die Beziehung ist ambivalent, Freunde nehmen einen höheren Stellenwert als die der Eltern ein. Dadurch nehmen Konflikte innerhalb der Familie zu.[44]

In der Schule erfahren und lernen sie ihre eigene intellektuelle Leistungsfähigkeit kennen und bereiten sich auf die Berufswahl vor. Für die Leistungen der Jugendlichen ist die Intelligenz von entscheidender Bedeutung, denn die Aneignung von Wissen und dem selbstständigen Arbeiten und der Entwicklung von Lernstrategien spielen eine Rolle.[45] Beim Gebrauch von kognitiven Fähigkeiten werden Jugendliche streitbarer, idealistischer und kritischer. Dabei zeigt sich auch hier ein Unterschied zwischen Jungen und Mädchen. Mädchen sind auf sprachlichem Gebiet häufig talentierter als Jungen, wohingegen Jungen eher im mathematischen und abstrakten Denken ihre Stärken zeigen.[46]

Ab dem Jugendalter nimmt die Leistungsmotivation in der Schule ab, was seine Ursache im Autonomiestreben haben kann. Daher kommt es häufiger aufgrund der kontrollierten Lernumgebung der Schule zu Konflikten. Jungen und Mäd-

---

[41] Vgl. Metzinger, A. (2014), S. 63-69

[42] Vgl. Hasselhorn, M. & Schneider, W. (Hrsg.) (2007), S. 187ff.

[43] Vgl. Rossmann, P. (2012), S. 143

[44] Vgl. Rossi, G. & Hauser, D. (2015)

[45] Vgl. Hasselhorn, M. & Schneider, W. (Hrsg.) (2007), S. 187ff.

[46] Vgl. Berk, L. E. (2005), S. 524

chen beschäftigen sich ab dem Pubertätsalter zunehmend mit ihrer Wirkung und Attraktivität auf andere. Diese Selbstfindung verläuft meistens von außen nach innen. Dabei kommt es vermehrt bei Mädchen zu Essstörungen, Depressionen oder Angststörungen aufgrund des Aussehens. Erste romantische Beziehungen werden eingegangen und es kommt zu Intimitäten zwischen den Jugendlichen.[47]

Autoritäre und strenge Lehrer erwarten in dieser Phase einen heftigen Widerstand und werden abgelehnt. Ab diesem Alter kommt es zu einer höheren Form der Identitätsfindung. Die Bildung dieser ist die wesentliche Aufgabe des Jugendlichen.[48]

3. Sexueller Missbrauch gegenüber Kindern und Jugendlichen

Es gibt aktuell kaum ein vergleichbares Thema, das die Gesellschaft so sehr erschüttert, wie die sexuelle Gewalt bzw. der Missbrauch gegenüber Kindern und Jugendlichen. Gerade in der aktuellen Zeit der Corona- Pandemie sollte dieses Thema häufiger thematisiert werden. Studien zufolge ist das Thema des sexuellen Missbrauchs gegenüber Kindern und Jugendlichen ein immer mehr ernst zu nehmendes Problem unserer Gesellschaft und stellt die Politik vor eine wichtige Aufgabe.

Lange Zeit galt es als ein Tabuthema. 2010 gab es endlich die Wende, denn immer mehr Betroffene brachen ihr Schweigen und gingen mit eigenen Erfahrungen an die Öffentlichkeit.[49]

Vorwürfe gegenüber Kirchen und öffentlichen Institutionen wurden lauter.[50]

Einer Studie des Bundesministeriums für Bildung und Forschung zufolge wurden bereits 20% aller Kinder und Jugendlichen Opfer sexualisierter Gewalt. Dabei können die Übergriffe überall passieren.[51]

---

[47] Vgl. Hasselhorn, M. & Schneider, W. (Hrsg.) (2007), S. 187ff.

[48] Vgl. Rieder, K. (2002), S. 261ff

[49] Vgl. Bundesministerium für Bildung und Forschung (o.D.)

[50] Vgl. Kindler, H., Derr, R. (2018)

[51] Vgl. Bundesministerium für Bildung und Forschung (o.D.)

3.1 Sexueller Missbrauch- Begriffsbestimmung

Sexueller Missbrauch an Kindern und Jugendlichen ist eine Art des Kindesmissbrauchs, die in Form sexueller Handlungen gegen den Willen oder des Wissens an Kindern vorgenommen werden. Dieser Missbrauch kann bei den Betroffenen sowohl körperliche als auch seelische Schäden verursachen.

Diese Schäden können die Entwicklung eines Kindes stark beeinflussen oder sogar beeinträchtigen.

Der Täter oder die Täterin nutzen dafür häufig ihre Machtposition aus, um eigenen Bedürfnisse zu befriedigen.

Unter dem sexuellen Missbrauch versteht man Handlungen unterschiedlichster Form. Sie können eine Vergewaltigung, jeglicher Geschlechtsverkehr oder Penetration sein. Sexuelle Berührungen, unangenehmes Entblößen, verbale sexuelle Annäherung oder das Zeigen pornografischer Inhalte fallen ebenfalls unter den Begriff des sexuellen Missbrauchs.

In Deutschland gilt ein Kind mit 14 Jahren rechtlich als sexuell selbstbestimmungsfähig. [52]

Laut der polizeilichen Kriminalstatistik gab es 2019 knapp 16.000 Fälle sexuellen Missbrauchs an Kindern in Deutschland, das sind ca. 1300 mehr als im Vorjahr. Experten gehen jedoch von einer sehr hohen Dunkelziffer aus.

Die aktuelle Lage der Corona- Pandemie mit den damit einhergehenden Auflagen der verstärkten häuslichen Isolierung sorgt für mehr Fälle von sexuellem Missbrauch gegenüber Kindern und Jugendlichen. Gerade, weil viele Kontakte zu Vertrauenspersonen wie den Freunden oder Lehrern fehlen, ist die Gefahr größer Opfer eines Missbrauchs zu werden.

Laut BKA- Chef spielt das Internet bei der Verbreitung kinderpornografischer Inhalte eine große Rolle, denn häufig machen sich Kinder keine Gedanken darüber, welche Bilder und Videos sie via Messenger- Dienste oder social media von sich selbst verbreiten oder hochladen.

Es kann jedes Kind treffen, allerdings ist das Risiko, Opfer eines sexuellen Missbrauchs zu werden bei geistig oder körperlich beeinträchtigten Kindern höher. Auch wenn elterliche Fürsorge fehlt oder Defizite in der Sexualkunde

---

[52] Vgl. Klaus, J. (2017)

bestehen, ist das Risiko höher. Am häufigsten findet sexuelle Gewalt innerhalb der Familie statt.[53] Dabei geschieht sie nicht zufällig, sie wird gezielt arrangiert. Die Beurteilung einer solchen Tat kann allerdings schwer eingeschätzt werden, denn es kann bspw. bereits beim Baden des Kindes eine Stimulierung stattfinden oder auch bei Schlägen eine sexuelle Motivation vorliegen.

Vor allem können emotional vernachlässigte Kinder den Wunsch nach Nähe und Zuneigung haben, den der Täter befriedigt. Dabei wird diese emotionale Abhängigkeit für eigene Interessen ausgenutzt.

Diese Kinder werden auf verschiedenste Arten massiv unter Druck gesetzt oder sogar bedroht, damit die Übergriffe geheim bleiben.

Je häufiger, intensiver oder länger ein Missbrauch stattgefunden hat, desto gravierender sind die Folgen bei den Betroffenen. Oftmals spielt die Familie, das soziale Umfeld und die Hilfe von anderen eine wichtige Rolle bei der Verarbeitung dieser Erfahrungen.

Die Folgen eines sexuellen Missbrauchs können nicht immer identifiziert werden, denn es zeigen sich keine spezifischen Syndrome, die diese Tat kennzeichnen. Dazu kommt, dass Kinder häufig nichts davon erzählen.

Jedoch können von Seiten des Kindes Signale gesendet werden, die darauf hinweisen, dass etwas nicht stimmt. Diese Signale können sich bspw. in einem unangemessenen Sexualverhalten widerspiegeln.

Auffälligkeiten sind im Sozialverhalten oder im somatischen und psychosomatischen Verhalten zu erkennen. In Form von Isolationen oder starker Aggressivität kann sich das Verhalten bemerkbar machen.

Langzeitfolgen könnten Depressionen, Schlaf- und Essstörungen, Persönlichkeitsstörungen, Angstzustände, Suchtverhalten, emotionale und kognitive Störungen, Somatisierungen oder Probleme bei der sozialen Anpassung sein. Diese und viele weitere Symptome können auftreten. Es könnten aber auch andere Problemsituationen vorliegen, die eine Diagnose besonders schwierig machen. [54]

---

[53] Vgl. Unabhängiger Beauftragter für Fragen des sexuellen Kindesmissbrauchs (2020)

[54] Vgl. Rieder, K. (2002), S. 244ff.

Auswirkungen müssen sich aber nicht immer zwangsläufig am Verhalten zeigen, es können auch körperliche Merkmale auftreten.

Sie können sich durch Spermaspuren, Verletzungen im Genitalbereich, ungewöhnlich starke Ausdehnung von Genital- oder Rektalöffnungen, Blutergüssen im Unterleib, blutige Unterwäsche, Entzündungen, Pilzinfektionen oder Juckreiz im Genitalbereich bemerkbar machen.[55]

Vor allem bei Jugendlichen, die sexuellen Missbrauch erlebt haben, ist es zu beobachten, dass sie sich eher gleichaltrigen Freunden als ihren Eltern anvertrauen. Die Entwicklungsphase des „Ablösens" im Jugendalter zeigt hier ihre Auswirkungen auf das Verhalten der Kinder. Sie zeigen sich Freunden gegenüber offener.[56]

Die Tatsache, dass ein sexueller Missbrauch stattgefunden hat, wird häufig von den Tätern geleugnet und abgestritten. Dadurch kann es auf Seiten der Betroffenen zu Hilflosigkeit führen und zu einem hohen Maß an Hilflosigkeit kommen und in der Folge dazu führen, dem Täter schutzlos ausgeliefert zu sein.

Dabei wird das Vertrauen eines Kindes schwer erschüttert. Gerade in solch einer Situation ist das Vertrauen und die Hilfe von außen unabdingbar, nicht nur wegen der negativen Folgen hinsichtlich des Selbstvertrauens des Kindes. Das Gefühl der Scham, der Wertlosigkeit und der Schuld wird verstärkt.

Dabei werden die Folgen des Missbrauchs durch folgende Punkte verstärkt:

Auch die Dauer und Brutalität des Missbrauchs beeinflussen die Folgen des Missbrauchs für das betroffene Kind in hohem Maße.

Je größer der Altersunterschied zwischen Täter und Opfer ist, desto schlimmer kann es für das betroffene Kind sein.

Ebenso spielt der Verwandtschaftsgrad eine Rolle, denn je näher dieser zwischen Opfer und Täter ist, desto größer die Auswirkungen.

Bei der Verarbeitung der Tat, spielt auch die Anzahl der vorhandenen Vertrauenspersonen eine wichtige Rolle.[57]

---

[55] Vgl. Fegert, J. M. (o.D.)

[56] Vgl. Kindler, H., Derr, R. (2018)

[57] Vgl. Fegert, J. M. (o.D.)

3.2 Sexueller Missbrauch - Präventionsmaßnahmen

In erster Linie ist die Zusammenarbeit zwischen den Ämtern, den Bildungsein-richtungen und den Eltern bei Präventionsmaßnahmen dringend erforderlich. Mit der Aufklärung über das Sexualverhalten sollte in den Schulen begonnen werden. So können in Seminaren und bspw. in Form von Rollenspielen das Thema der Sexualität auch spielerisch den Kindern näher gebracht werden.

Sie sollten über Handlungsmöglichkeiten in Gefahrensituationen aufgeklärt und über die Möglichkeiten, nach sexuellen Übergriffen Hilfe zu suchen, informiert werden.

Wichtig ist es, dass Kinder ihre eigenen Rechte kennen und über den allgemein geltenden Kinderschutz informiert werden. Die Aufklärung über vorhandene Hil-fsangebote sind ebenfalls von hoher Relevanz, denn Kinder sollten wissen, an wen sie sich wenden können, falls sie in eine dieser Situationen geraten. Dazu muss eine einfache und schnelle Erreichbarkeit ermöglicht werden. Über die Einrichtung von Hilfstelefonen und Internetseiten, an die sich die Kinder wenden können, wurde bereits berichtet. Darüber hinaus können sich Kinder innerhalb der Schule an SchulsozialarbeiterInnen, SchulpsychologInnen oder Ver-trauenslehrerInnen wenden.

Lehrer sollten ebenfalls über mögliche Anzeichen eines Kindesmissbrauchs aufgeklärt und sensibilisiert werden um Verhaltensänderungen ernst zu nehmen.

Im März 2020 trat ein Gesetz in Kraft, welches Kinder vor den Gefahren im In-ternet schützen soll. Das sogenannte Cybergrooming, also die Suche der Kon-taktaufnahme von Erwachsenen zu Kindern, steht seit März 2020 unter Strafe.[58] Auch als Elternteil können präventive Maßnahmen getroffen werden um sein Kind besser schützen zu können. Sie sollten dafür Sorge tragen, dass ihr Kind ein gesundes Selbstbewusstsein entwickeln kann und es lernen soll, in bes-timmten Situationen „nein" sagen zu können. Außerdem müssen Kinder im Bezug auf die Internetnutzung aufgeklärt werden. Denn das bietet den Tätern die Möglichkeit Kontakt zu den Kindern aufzunehmen. Sie sollten darin bestärkt werden, sich bei unangenehmen Fragen in Chat- Rooms sofort den Eltern

---

[58] Vgl. Die Bundesregierung (2020)

mitzuteilen. Auch ist es wichtig, das Thema des Datenmissbrauchs und dessen Gefahren den Kindern näher zu bringen.[59]

4. Fazit

In der vorliegenden Arbeit wurde das Thema des sexuellen Missbrauchs von Kindern und Jugendlichen behandelt. Dazu wurden die Gefahren und Folgen eines solchen Missbrauchs beschrieben, welche Auswirkungen entstehen können, welche Präventionsmaßnahmen bereits getroffen wurden und welche getroffen werden können. Ich finde es erschreckend und traurig, dass laut der polizeilichen Kriminalstatistik die Zahl der Kinder, die Opfer eines sexuellen Missbrauchs wurden, um 1300 Fälle im Vergleich zum vorigen Jahr gestiegen sind.[60] Die Gesetzesänderung, die im März 2020 in Kraft getreten ist, zeigt, dass das Thema weiterhin ein präsentes und wichtiges Thema in der Politik ist und die steigenden Zahlen des Kriminalamtes ernst genommen werden müssen.

Es sollten schärfere Gesetze und härtere Strafen bei Kindesmissbrauch und bei der Erstellung und Verbreitung kinderpornografischer Inhalte durchgesetzt werden.

Bereits in der Vergangenheit wurden unterschiedliche präventive Maßnahmen getroffen. Sei es in Form von geschultem Fachpersonal in Bildungseinrichtungen oder in Form von externen Hilfseinrichtungen. Durch die Digitalisierung kann ein immer einfacherer Zugang zu Hilfen geleistet werden, bspw. durch Hilfstelefone oder Webseiten an die man sich jederzeit wenden kann. Die Erreichbarkeit der Hilfen ist somit auch an vielen unterschiedlichen Orten gegeben, die ich persönlich für sehr wichtig halte. Ebenfalls ist aufgefallen, dass Präventionshilfen von Seiten der Eltern erfolgen müssen. Frühzeitige Aufklärung ist auch vor dem Schuleintritt möglich.

---

[59] Vgl. Fegert, J. M. (o.D.)

[60] Vgl. Unabhängiger Beauftragter für Fragen des sexuellen Kindesmissbrauchs (2020)

Außerdem finde ich es wichtig, dass offen über diese Themen gesprochen werden kann, denn das macht es auch für Betroffene sicher leichter sich offen zu
äußern und Hilfe zu suchen.

5. Literatur- und Quellenverzeichnis

Berk, L. E. (2005): Entwicklungspsychologie. 3., akt. Aufl. Pearson Studium, München.

Braun, A. K. (2012): Früh übt sich, wer ein Meister werden will- Neurobiologie kindlichen Lernens, WiFF Expertisen, Band 26. DJI, München.

Borke, J., Bossing, L., Lamm, B. (2013): Entwicklungspsychologische Grundlagen der ersten Jahre. nifbe Niedersächsisches Insitut für frühkindliche Bildung und Entwicklung. Themenhelft Nr. 17, Osnabrück.

Hasselhorn, M. & Schneider, W. (Hrsg.) (2007): Handbuch der Psychologie. Handbuch der Entwicklungspsychologie. Band 7. Hogrefe Verlag, Göttingen.

Metzinger, A. (2014): Entwicklungspsychologie kompakt. 0 bis 11 Jahre. Für sozialpädagogische Berufe. 3. Aufl. BildungsverlagEINS, Köln.

Rieder, K. (2002): Entwicklungspsychologie. Öbv&hpt, Wien.

Steinebach, C. (2000): Entwicklungspsychologie. Konzepte der Humanwissenschaft. Klett-Cotta, Stuttgart.

Rossmann, P. (2012): Einführung in die Entwicklungspsychologie des Kindes- und Jugendalters. 2. über. Aufl. Verlag Hans Huber, Bern.

Internetquellen

Bundesministerium für Bildung und Forschung (o.D.): Sexualisierte Gewalt gegen Kinder und Jugendliche. Forschung fördern, Präventionen verbessern, pädagogische Praxis stärken. URL: https://www.bmbf.de/upload_filestore/pub/Sexualisierte_Gewalt_gegen_Kinder_und_Jugendliche.pdf. [Stand: 14.12.2020]

Die Bundesregierung (2020): Neue Zahlen zu Missbrauch. URL: https://www.bundesregierung.de/breg-de/aktuelles/missbrauchszahlen-1752038. [Stand: 14.12.2020]

Fegert, J. M. (o.D.): Neurologen und Psychiater im Netz. Psychische Folgen von Sexuellem Missbrauch. URL: https://www.neurologen-und-psychiater-im-netz.org/kinder-jugend-psychiatrie/risikofaktoren/sexueller-missbrauch/psychische-folgen/. [Stand: 14.12.2020]

Kindler, H., Derr, R. (2018): Deutsches Jugendinstitut. Sexueller Missbrauch im Forschungsfokus. URL: https://www.dji.de/themen/kinderschutz/sexueller-missbrauch-im-forschungsfokus.html. [Stand: 14.12.2020]

Klaus, J. (2017): Deximed Hausarztwissen online. Sexueller Missbrauch an Kindern. URL: https://deximed.de/home/b/kinder-und-jugendpsychiatrie/patienteninformationen/sozialpaediatrie/sexueller-missbrauch-von-kindern/. [Stand: 14.12.2020]

Rossi, G. & Hauser, D. (2015): Schulinfo Zug. Entwicklungspsychologie- Was, wann? URL: https://www.zg.ch/behoerden/direktion-fur-bildung-und-kultur/schulinfo/fokus/entwicklungspsychologie-2014-was-wann. [Stand: 12.12.20]

Unabhängiger Beauftragter für Fragen des sexuellen Kindesmissbrauchs (2020): Fakten und Zahlen zu sexueller Gewalt an Kindern und Jugendlichen. URL: https://beauftragter-missbrauch.de/fileadmin/Content/pdf/Pressemitteilungen/2020/01_Januar/28/Fact_Sheet_Zahlen_und_Fakten_sexueller_Missbrauch.pdf. [Stand: 14.12.2020]

BEI GRIN MACHT SICH IHR
WISSEN BEZAHLT

- Wir veröffentlichen Ihre Hausarbeit,
  Bachelor- und Masterarbeit

- Ihr eigenes eBook und Buch -
  weltweit in allen wichtigen Shops

- Verdienen Sie an jedem Verkauf

Jetzt bei www.GRIN.com hochladen
und kostenlos publizieren